Date: 6/17/2020

SP J 591.472 BOR
Borth, Teddy
Animales amarillos

PALM BEACH COUNTY
LIBRARY SYSTEM
3650 SUMMIT BLVD.
WEST PALM BEACH, FL 33406

Animales amarillos

Teddy Borth

abdopublishing.com

Published by Abdo Kids, a division of ABDO, PO Box 398166, Minneapolis, Minnesota 55439.

Copyright © 2017 by Abdo Consulting Group, Inc. International copyrights reserved in all countries. No part of this book may be reproduced in any form without written permission from the publisher.

Printed in the United States of America, North Mankato, Minnesota.

052016

092016

Spanish Translator: Maria Puchol, Pablo Viedma

Photo Credits: iStock, Shutterstock

Production Contributors: Teddy Borth, Jennie Forsberg, Grace Hansen

Design Contributors: Laura Rask, Dorothy Toth

Publishers Cataloging-in-Publication Data

Names: Borth, Teddy, author.

Title: Animales amarillos / by Teddy Borth.

Other titles: Yellow animals. Spanish

Description: Minneapolis, MN : Abdo Kids, [2017] | Series: Animales de colores | Includes bibliographical references and index.

Identifiers: LCCN 2016934836 | ISBN 9781680807295 (lib. bdg.) | ISBN 9781680808315 (ebook)

Subjects: LCSH: Animals--Juvenile literature. | Spanish language materials-- Juvenile literature.

Classification: DDC 590--dc23

LC record available at http://lccn.loc.gov/2016934836

Contenido

El amarillo 4

El amarillo en la tierra 6

El amarillo en el aire 12

El amarillo en el agua 18

Más datos 22

Glosario 23

Índice 24

Código Abdo Kids 24

El amarillo

El amarillo es un **color primario**.

El amarillo no se puede obtener de la mezcla de otros colores.

La mezcla de los colores

🔴 + 🟡 = 🟠

🟡 + 🔵 = 🟢

🔵 + 🔴 = 🟣

🟠 + 🟢 + 🟣 = ⚫

Colores primarios
- 🔴 **Rojo**
- 🟡 **Amarillo**
- 🔵 **Azul**

Colores secundarios
- 🟠 **Naranja**
- 🟢 **Verde**
- 🟣 **Morado**

El amarillo en la tierra

La araña cangrejo caza en las flores. Su color amarillo la ayuda a camuflarse. Otros animales no las pueden ver fácilmente.

Hay dragones barbudos amarillos. Es una mascota muy popular. Puede cambiar de color cuando pelea.

La rana dardo dorada es pequeña. Es uno de los animales más **venenosos**. ¡Su veneno puede matar a un elefante!

El amarillo en el aire

La mariposa de Madagascar está en el dinero de Madagascar. Las mariposas adultas no pueden comer. Sólo viven durante 5 días.

El jilguero norteamericano **muda** su plumaje dos veces al año. Los machos son de color vivo en la primavera. Su color es apagado en el invierno.

Hay libélulas de muchos colores. El amarillo puede ser uno de esos colores.

17

El amarillo en el agua

El coral cerebro parece un cerebro. ¡Puede vivir 900 años! Puede llegar a medir 6 pies (2m) de alto.

19

El pez cofre amarillo es de colores muy vivos cuando es joven. Su color pierde intensidad con la edad.

Más datos

- El color amarillo atrae a insectos y pájaros.

- Los animales **venenosos** usan el amarillo como alerta. Los agresores evitan los animales de color amarillo brillante porque conocen el peligro.

- El amarillo es el color de la riqueza (oro), la luz del sol, la felicidad y la sabiduría.

Glosario

cazar – perseguir y atacar algo.

color primario – color que no se obtiene de mezclar otros colores.

color secundario – color que resulta de la mezcla de dos colores primarios.

Madagascar – país insular cerca de la costa sureste de África.

mudar – perder pelo, plumas o piel y que vuelva a crecer.

venenoso – que causa enfermedad o la muerte.

Índice

araña cangrejo 6

color primario 4

coral cerebro 18

dragón barbudo 8

jilguero norteamericano 14

libélula 16

Madagascar 12

mariposa de Madagascar 12

pez cofre amarillo 20

rana dardo dorada 10

venenoso 10

abdokids.com

¡Usa este código para entrar en abdokids.com y tener acceso a juegos, arte, videos y mucho más!

Código Abdo Kids: AYK6993